INTRODUCTION

Papas, Batata, Potato, Kartoschka, Kartoffel, Tartoufle, Truffade, Pomme de terre, ... Enfin, PATATE...

Ce n'est qu'au XVIᵉ siècle que François Pizzare découvrit au PEROU ce légume qu'on appela plus tard « le pain des pauvres ». Néanmoins il fallu attendre le navigateur Francis DRAKE pour voir apparaître la Papas en Virginie, cadeau à des colons anglais bien en mal de nourriture. C'est eux qui rapatrièrent la Potato en Angleterre ensuite. A partir de ce moment la pomme de terre bourlingua dans toute l'Europe pour arriver en Suisse.

De la Suisse aux Vosges...

Enfin voici la pomme de terre en France, fin XVIᵉ siècle. Boudés une bonne partie du XVIIᵉ, il aura fallu la ténacité d'Antoine Augustin Parmentier, et beaucoup de disettes pour que le mémoire de Parmentier et sa pomme de terre apparaissent populaires.

Elle est devenue désormais l'aliment de base bon marché de chacun ! Légume le plus cuisiné, chaque Français en consomme annuellement 80 kg., certains en digèrent même 180 kg. ; l'échelle mondiale nous donne en consommation annuelle 200 kg.

Sur le plan diététique elle est très riche. Ainsi une pomme de terre moyenne de 100 g. contient :
- 87 g. de calories,
- 78 g. d'eau,
- 19 g. de glucide (amidon),
- 2 g. de protide,
- quelques sels minéraux.

Fraîche la pomme de terre fournit 40 mg. de vitamines B et C, plus particulièrement la pomme de terre nouvelle. Elle conserve ses vitamines cuite à la vapeur.

Quant au stockage il convient de ranger les pommes de terre dans un endroit sec, aéré, obscur, à une température de 4° à 12°C. La pomme de terre est sensible aux écarts de température, ainsi qu'aux chocs. Attention aux pommes de terre qui germent et verdissent, la présence de cette Solamine les rendent amères et toxiques. Lors de la transformation culinaire la pomme de terre ne doit pas rester à l'air libre trop longtemps épluchée, sinon elle noircit. Trop longtemps dans l'eau elle durcirait.

Ces quelques vers de M. Doerflinger illustrent parfaitement ce qu'est la pomme de terre.

C'est la pomme de terre
Qui fait notre trésor
A l'indigent si chère
Plus qu'au riche son Or

Prenons en main la pioche
La hotte sur le dos
Car au Ban-de-la-Roche
Connaît-on le repos !

LES DIFFERENTES CUISSONS
DES POMMES DE TERRE

LA CUISSON A L'EAU DES POMMES DE TERRE

Les pommes de terre doivent être épluchées, coupées ou non en quartiers, mises à l'eau froide et amenées à ébullition pour 30 à 45 minutes de cuisson.

LES CUISSONS DE POMMES DE TERRE EN ROBE DES CHAMPS

Il existe quatre modes de cuisson donnant une saveur différente à la pomme de terre.

Avant tout il faut choisir des pommes de terre à chair ferme présentant une très bonne tenue à la cuisson : Belle de Fontenay, BF 15, Ratte, Roseval.

Les pommes de terre doivent être de taille identique et préalablement lavées et brossées avant la cuisson pour ne pas garder une saveur terreuse.

Cuisson à l'eau

Placer les pommes de terre dans de l'eau froide salée et faire cuire 25 à 30 minutes suivant leur taille, jusqu'à ce qu'une pomme de terre puisse être facilement traversée avec une lame. Les égoutter et les arroser d'eau froide pour faciliter l'épluchage. Elles doivent rester fermes et non éclatées.

Cuisson à la vapeur

Les pommes de terre doivent être placées sur un support perforé qui les sépare de l'eau ; celle-ci en s'évaporant cuira les pommes de terre.

Il faut compter 40 à 55 minutes. Pour vérifier la cuisson piquer les pommes de terre comme pour la cuisson à l'eau.

Cuisson sans eau ni vapeur

- au four :

Poser les pommes de terre sur une plaque à pâtisserie ou une tôle d'acier bien épaisse recouverte de gros sel (200 g. pour 6 pommes de terre). Mettre au four à chaleur moyenne, et faire cuire 40 à 50 minutes en les retournant au bout de 25 minutes. La peau doit être dorée et croustillante.

On peut les cuire de même dans un papier d'aluminium (en papillote).

- dans le diable :

Le diable est une casserole double en terre qui ne doit jamais être lavée, ni être en contact avec une flamme. Mettre les pommes de terre dans le diable, sans eau et laisser cuire 40 minutes en remuant légèrement toutes les 8 minutes. Elles doivent être dorées et croustillantes.

LA CUISSON AU BEURRE

Eplucher et couper des pommes de terre à chair ferme en quartiers, dés, rondelles, les faire sauter dans un mélange d'huile et de beurre, les couvrir et les laisser cuire à feu doux 30 minutes environ.

Les pommes de terre peuvent avoir été cuites à l'eau précédemment et juste être dorées au beurre quelques minutes.

LA CUISSON A L'HUILE
(Pommes frites, pailles, gaufrettes, chips)

Il faut choisir une espèce ferme ne contenant pas d'eau, comme la Bintje.

Après l'épluchage, il faut les laver rapidement, sans les faire séjourner dans l'eau et bien les essuyer en les épongeant dans un torchon.

Utiliser de l'huile d'arachide ou de la végétaline et filtrer cette matière grasse après chaque utilisation.

La cuisson se fait en un ou deux temps.

LES POMMES DE TERRE EN GRATIN

Utiliser des pommes de terre nouvelles qui se tiennent très bien ou des Bintje qui rendent les gratins moelleux.

Il faut éplucher les pommes de terre, les laver et les couper en rondelles. Dans un plat à gratin beurré, ranger les éléments suivant le gratin désiré. Faire cuire à four moyen th. 7 pendant 45 minutes.

LES POMMES DE TERRE EN POTAGE

C'est la Bintje qui convient le mieux.

Les potages à base de pommes de terre apportent à l'organisme, la totalité des éléments minéraux contenus dans les légumes qui entrent dans leur composition. Ils apportent aussi des vitamines en quantités importantes, si on les additionne de beurre et d'éléments crus ajoutés au dernier moment. Dans un potage aux légumes la pomme de terre sert de liant.

LES POMMES DE TERRE EN SALADE

Utiliser de préférence des pommes de terre à chair ferme, les primeurs conviennent particulièrement ainsi que les Ratte. Les cuire dans leur peau à la vapeur, puis les passer sous l'eau froide pour faciliter l'épluchage. Encore tièdes les peler, les couper en rondelles et les accommoder.

Potage parmentier classique ✗ ○

Prép. : 20 mn. Cuiss. : 18 mn.

□ 6 pers.

900 g. de pommes de terre / 6 dl. d'eau / 6 dl. de lait / 60 g. de beurre / 6 cuillerées de crème / Sel, poivre.

Peler les pommes de terre au moment de les faire cuire, les couper en gros morceaux et les couvrir de liquide. Porter à ébullition, sans couvrir (pour que le lait ne déborde pas) et laisser bouillir 18 minutes. Prélever les pommes de terre et les mixer.

Mélanger la purée avec le liquide de cuisson, vérifier l'assaisonnement. Faire chauffer. Stopper dès la première ébullition.

Servir très chaud après avoir ajouté la crème puis le beurre dans la soupière.

On peut le saupoudrer de persil ciselé ou encore d'un mélange d'herbes ciselées : cerfeuil, persil, estragon, sarriette, oseille.

Soupe aux pommes de terre râpées ✗ ○

Prép. : 25 mn. Cuiss. : 15 mn.

□ 6 pers.

700 g. de pommes de terre / 1 cuillerée de muscade râpée / 2 œufs / 50 g. de persil / 1 cuillerée à soupe de crème fraîche / 2 lit. de bouillon / Sel.

Peler et râper finement les pommes de terre.

Battre les œufs, ajouter le sel, la muscade et les mélanger aux pommes de terre râpées. Verser dans le bouillon chaud et laisser mijoter 10 minutes à petits bouillons.

Verser sur la crème fraîche, mélanger, puis saupoudrer de persil haché et servir.

100 recettes de pommes de terre

Antoine FALLEUR
Paulette FISCHER

Photos : J.L. Syren / S.A.E.P.

La coordination de cette collection est assurée
par Paulette Fischer.

ÉDITIONS S.A.E.P.
68040 INGERSHEIM - COLMAR

✗	élémentaire
✗ ✗	facile
✗ ✗ ✗	difficile
○	peu coûteuse
○○	raisonnable
○○○	chère
◪	plat d'accompagnement
☐	plat pouvant être servi sans accompagnement.

Potage aux fanes de radis roses

X O

Prép. : 30 mn. Cuiss. : 20 mn.

□ 6 pers.

700 g. de pommes de terre / 400 g. de fanes de radis / 5 dl. d'eau et 5 dl. de lait / 1 dl. de crème / 30 g. de beurre / Sel, poivre / Cerfeuil.

Verser les fanes de radis lavées et les pommes de terre lavées, pelées, coupées, dans le mélange eau-lait et faire bouillir 18 minutes, puis mixer.

Faire bouillir à nouveau quelques secondes.

Pour servir ajouter le beurre et la crème fraîche, et décorer avec du cerfeuil.

Potage oseille et pommes de terre

X O

Prép. : 25 mn. Cuiss. : 25 mn.

□ 6 pers.

900 g. de pommes de terre / 12 dl. d'eau / 50 g. de beurre / 200 g. de feuilles d'oseille / 15 g. de laitue / 1 œuf / Ciboulette / Sel, poivre.

Faire fondre l'oseille et la laitue lavées et épluchées, dans le beurre sans laisser colorer.

Ajouter l'eau puis les pommes de terre coupées en morceaux, faire bouillir 20 minutes.

Ecraser les légumes et faire à nouveau bouillir quelques secondes.

Battre l'œuf dans la soupière et y verser le potage. Saupoudrer de ciboulette ciselée.

Potage cresson et pommes de terre

Prép. : 20 mn.   Cuiss. : 25 mn.

□   6 pers.

900 g. de pommes de terre / 6 dl. d'eau / 30 g. de beurre / 180 g. de feuilles de cresson / 1/2 lit. de lait / Sel, poivre / Croûtons frits.

Faire fondre le cresson au beurre sans coloration. Y ajouter le liquide et les pommes de terre.

Cuire 20 minutes, mixer, ajouter le lait, amener à ébullition et servir accompagné de croûtons.

Potage poireaux et pommes de terre

Prép. : 20 mn. Cuiss. : 20 mn.

6 pers.

900 g. de pommes de terre / 600 g. de poireaux / 1 lit. d'eau / 1/2 lit. de lait / 5 g. de beurre / 1 dl. de crème / Sel, poivre / Cerfeuil / Ciboulette.

Laver et couper les poireaux en morceaux de 2 cm de long maximum pour éviter les fils. Peler et couper les pommes de terre.

Faire cuire les poireaux, les pommes de terre et le liquide 20 minutes sans couvrir.

Prélever les légumes, les mixer, les remettre dans l'eau de cuisson. Porter à nouveau le potage à ébullition et le verser sur le beurre et la crème dans la soupière. Parsemer des fines herbes coupées finement.

Potage à la paysanne

Prép. : 25 mn. Cuiss. : 30 mn.

6 pers.

300 g. de poireaux / 200 g. de carottes / 200 g. de navets / 500 g. de pommes de terre / 1/2 chou / 50 g. de cerfeuil / 50 g. de beurre / 1,5 lit. d'eau / 6 croûtons de pain / Sel, poivre.

Couper en minces lamelles, les poireaux, les carottes, les navets, le chou et les pommes de terre.

Faire fondre les légumes dans le beurre, doucement et sans coloration.

Ajouter toute l'eau et compter 30 minutes à partir du début de l'ébullition.

Couper les lamelles de pain et les disposer sur le potage puis les saupoudrer de cerfeuil haché.

Servir bien chaud.

Potage tomates et pommes de terre

✃   ◯

Prép. : 20 mn. Cuiss. : 18 mn.

□   6 pers.

900 g. de pommes de terre / 5 g. de beurre / 500 g. de tomates / 1 bouquet garni / 1 gousse d'ail / 6 dl. d'eau / Sel, poivre.

Couper la tomate pelée en morceaux. Peler et laver les pommes de terre.

Faire bouillir les légumes, l'ail, le bouquet, 18 minutes.

Mixer et faire à nouveau bouillir quelques secondes.
Servir avec une noix de beurre.

ou :

✃   ◯

Prép. : 30 mn. Cuiss. : 25 mn.

□   6 pers.

500 g. de pommes de terre / 500 g. de tomates / 2 clous de girofle / 3 cuillerées à soupe d'huile / 1 lit. d'eau / Tranches de pain.

Eplucher et couper en gros morceaux les tomates et les pommes de terre.

Mettre les clous de girofle dans un sachet.

Mettre le tout avec l'eau dans une casserole et faire bouillir 20 minutes. Retirer le sachet. Prélever les légumes et les mixer. Mélanger la purée et le liquide de cuisson.

Faire dorer le pain coupé en petits croûtons dans l'huile.

Faire à nouveau bouillir le potage quelques secondes et servir avec les croûtons à part.

Potage de pommes de terre aux croûtons

✕ ○

Prép. : 5 mn. Cuiss. : 35 mn.

☐ 6 pers.

500 g. de pommes de terre / 4 gros oignons / 1 branche de céleri / Muscade, laurier / 1 échalote / 1 gousse d'ail / 1,5 lit. de bouillon / 75 g. de beurre / 1 petit pot de cancoillotte ou 100 g. de gruyère / 12 petites rondelles de pain / 1 saucisse de Morteau / 1 dl. de crème.

Faire fondre 5 minutes dans 25 g. de beurre, l'oignon et l'échalote pelés et émincés, ajouter les pommes de terre pelées, lavées et coupées en quartiers, le céleri émincé, la muscade, le laurier, le bouillon et la saucisse.

Après 30 minutes de cuisson, retirer la saucisse, mixer le potage, l'additionner de la crème.

Faire griller les croûtons de pain, les répartir dans les assiettes après les avoir tartinés de cancoillotte, les entourer de quelques rondelles fines de saucisse. Napper de soupe bien chaude.

Potage aux spätzle et aux pommes de terre

🍴　○

Prép. : 20 mn.　Cuiss. : 25 mn.

☐　6 pers.

500 g. de pommes de terre / 100 g. de persil et cerfeuil / 75 g. de beurre / 1 cuillerée à café de muscade / 2 lit. de bouillon / 200 g. de spätzle.

Faire cuire les spätzle dans le bouillon jusqu'à ce qu'ils remontent à la surface (12 minutes).

Couper les pommes de terre épluchées en petits morceaux, et les faire revenir dans le beurre, ajouter un peu d'eau et la muscade ; laisser mijoter 10 à 15 minutes. Rectifier l'assaisonnement.

Ajouter les pommes de terre aux spätzle dans leur eau de cuisson, puis saupoudrer avec le cerfeuil et le persil haché et servir chaud.

Salade de pommes de terre au cantal

Prép. : 45 mn. Cuiss. : 20 mn.

□   6 pers.

1 kg. de pommes de terre / 250 g. de cantal / 5 cuillerées à soupe d'huile d'olive / 4 cuillerées à soupe de vin blanc / Sel, poivre.

Faire cuire les pommes de terre au four. Les peler et les couper en petits cubes, puis les arroser d'un mélange d'huile d'olive, de vin blanc, de sel et de poivre.

Ajouter le cantal coupé en petits bâtonnets.

On peut y ajouter quelques feuilles de salade verte.

Salade de pommes de terre au gruyère

Prép. : 10 mn. Cuiss. : 20 mn.

□   6 pers.

200 g. de gruyère / 500 g. de pommes de terre / 1 tasse de vinaigrette / 1 petit oignon.

Cuire les pommes de terre à l'eau, les peler et les couper en rondelles.

Couper le gruyère en bâtonnets.

Mélanger les pommes de terre et le gruyère.

Parsemer de l'oignon haché et arroser de vinaigrette.

Toutes les sauces s'accordent avec les salades de pommes de terre, néanmoins il est conseillé de faire une vinaigrette parfumée au vin blanc, à la moutarde ou même citronnée.

6 pers.

15 cl. d'huile / 3 cuillerées à soupe de vinaigre ou 1 jus de citron / 1 gousse d'ail écrasé / Sel et poivre fraîchement moulu / 1 pincée de sucre / 1 cuillerée à soupe de persil et de ciboulette hachés / 1 cuillerée à soupe de moutarde.

Mettre tous ces ingrédients dans un récipient fermé et secouer comme un shaker.

Pommes de terre en pique fleurs

✕ ○

Prép. : 45 mn. Cuiss. : 15 mn.

☐ 6 pers.

1 kg. de pommes de terre / 300 g. de mâche.
Sauce : 2 cuillerées à café de moutarde / 1/4 de verre de vin blanc / 2 cuillerées à soupe de vinaigre / 4 cl. d'huile / Sel, poivre.

Faire cuire les pommes de terre en robe des champs.
Éplucher les pommes de terre et préparer la mâche.
Mélanger les différents ingrédients de la sauce.
Couper les pommes de terre dans le sens de la longueur, creuser un trou dans chaque moitié et les disposer dans un plat. Remplir les cavités de sauce.
Piquer les bouquets de mâche dans les trous, et verser le reste de sauce au fond du plat.
Servir tiède.

Pommes de terre nouvelles à la sauce verte

✕ ∞

Prép. : 15 mn. Cuiss. : 45 mn.

☐ 6 pers.

500 g. de pommes de terre nouvelles / 300 g. de feuilles de cresson / 1 jaune d'œuf / 2 dl. d'huile / 1/2 cuillerée à soupe de vinaigre / Sel, poivre.

Faire cuire les pommes de terre à l'eau 35 minutes. Les éplucher, les couper en deux, et les faire mariner dans l'huile avec sel et poivre.
Laver, hacher le cresson et le passer à la centrifugeuse pour en extraire le jus.
Monter une mayonnaise et ajouter ce jus.
Retirer les pommes de terre de la marinade, les placer dans un saladier et arroser de sauce verte.

Salade forestière

Prép. et cuiss. : 1 h.

6 pers.

500 g. de pommes de terre / 1 petit chou-fleur / 100 g. de champignons « rosés des prés » / Le jus d'un citron / 1 bol de mayonnaise / Sel.

Couper les pommes de terre épluchées en petits morceaux. Faire cuire à la vapeur.

Eplucher et laver le chou-fleur, le faire cuire à l'eau bouillante salée.

Laver les champignons, les émincer, les arroser avec un jus de citron pour qu'ils restent blancs.

Disposer tous ces ingrédients dans un saladier en alternant les couches de légumes et de mayonnaise.

On peut présenter ces salades séparément sur des plats. Saupoudrer les champignons et les pommes de terre de persil haché et le chou-fleur d'un œuf dur haché.

Salade de pommes de terre au céleri

Prép. : 15 mn. Cuiss. : 20 mn.

6 pers.

500 g. de céleri-rave / 900 g. de pommes de terre / 2 cuillerées de moutarde / 1 tasse de vin blanc / Huile / Vinaigre / 50 g. de persil et d'estragon / 1 oignon / 1 tasse de vinaigrette.

Blanchir le céleri pelé et le couper en fines rondelles, assaisonner avec une vinaigrette.

Cuire, peler et couper les pommes de terre en rondelles.

Faire une sauce avec vinaigre, huile, moutarde, vin blanc, estragon et persil hachés et arroser les pommes de terre avec la moitié de cette sauce.

Dans un saladier alterner couches de pommes de terre et de céleri et arroser du reste de la sauce.

Répartir l'oignon pelé et coupé en rondelles.

Salade de pommes de terre au concombre

Prép. : 15 mn. Cuiss. : 40 mn.

6 pers.

900 g. de pommes de terre / 500 g. de concombre / 5 cl. de crème fraîche / Vinaigrette / Persil.

Peler, égrainer et couper en rondelles le concombre. Cuire, peler et couper les pommes de terre. Mettre concombre et pommes de terre dans un saladier.

Ajouter la crème fraîche et du persil haché à la vinaigrette et la verser sur les légumes. Saupoudrer de persil haché pour servir.

Salade de pommes de terre et radis roses

🍴 ∞

Prép. : 30 mn. Cuiss. : 15 mn.
☐ 6 pers.

800 g. de petites pommes de terre / 10 g. d'échalotes grises / Persil / Huile / Radis / 1 citron / Sel.

Faire cuire les pommes de terre à l'eau ; dès qu'elles fléchissent, vider l'eau, les rincer à l'eau froide pour faciliter l'épluchage. Couper les pommes de terre encore tièdes en rondelles.

Chauffer 1 cuillerée de vinaigre avec les échalotes pelées, hachées. Amener à ébullition et laisser réduire. Hors du feu, ajouter 2 cuillerées d'huile, sel, poivre, persil haché et verser la sauce sur les pommes de terre.

Nettoyer les radis, les laver, les couper en rondelles.

Faire une sauce avec du jus de citron, huile, sel. Verser sur les radis. Mélanger.

Sur un plat garni de feuilles de radis dresser en dôme la salade de pommes de terre, l'entourer des radis.

Salade de pommes de terre au soja

Prép. : 10 mn. Cuiss. : 20 mn.

6 pers.

1 kg. de pommes de terre / 1 boîte 4/4 de germes de soja / 3 œufs cuits durs / 2 grosses tomates / 1 tasse de vinaigrette.

Cuire les pommes de terre, les peler et les couper en rondelles. Plonger les tomates 15 secondes dans de l'eau bouillante, puis dans de l'eau froide et leur retirer la peau (monder les tomates). Les couper ensuite en quartiers.

Ecaller les œufs et les couper en quartiers.

Rincer les germes de soja.

Mélanger les pommes de terre et les germes de soja, décorer avec les tomates et les œufs. Arroser de vinaigrette.

Salade de pommes de terre aux filets de harengs

✕ ∞

Prép. : 15 mn. Cuiss. : 20 mn.

☐   6 pers.

6 filets de harengs marinés / 1 kg. de pommes de terre / 2 cuillerées à soupe de vinaigre / 200 g. d'oignons / 6 belles feuilles de salade / 1 tasse de vin blanc / 2 cuillerées d'huile.

Cuire, peler, détailler les pommes de terre.

Egoutter et sécher les filets de harengs.

Disposer, sur les feuilles de salade les pommes de terre, les harengs et les oignons coupés en rondelles.

Au moment de servir, arroser d'huile, du vinaigre très chaud et de la tasse de vin blanc.

Salade niçoise

✕✕   ∞

Prép. : 15 mn. Cuiss. : 20 mn.

☐   6 pers.

1 laitue / 1 botte de radis / 1 gros concombre / 300 g. de haricots verts extra-fins / 2 tomates fermes / 6 filets d'anchois / 150 g. d'olives noires / 3 œufs durs / 1 petite boîte de thon / 500 g. de pommes de terre / 1 tasse de vinaigrette bien relevée.

Eplucher la laitue, tailler les radis, peler et émincer le concombre égrainé.

Effiler, couper en tronçons de 2 cm et cuire sans les couvrir, les haricots verts dans l'eau bouillante salée 10 minutes. Cuire, peler et couper les pommes de terre en rondelles.

Couper les œufs durs et les tomates en quartiers. Disposer ces éléments et le thon dans un saladier sur les feuilles de salade, garnir de filets d'anchois et d'olives et arroser de vinaigrette.

Salade de pommes de terre aux maquereaux

X O

Prép. : 15 mn. Cuiss. : 20 mn.

□ 6 pers.

900 g. de pommes de terre / 6 filets de maquereaux / 1 tasse de vin blanc / 2 grosses tomates / 1 gros oignon / 1 cuillerée à soupe de concentré de tomate / Persil.

Cuire, peler, détailler en rondelles les pommes de terre.

Mélanger les pommes de terre et les filets de maquereaux coupés en morceaux.

Hacher un oignon, vider une des tomates de sa chair et mélanger au concentré de tomate.

Mélanger au vin blanc l'oignon haché et le coulis de tomate et en napper la salade.

Saupoudrer de persil haché, garnir avec la deuxième tomate.

Cette salade peut être agrémentée de rondelles de cornichons.

Salade de pommes de terre aux sardines

X O

Prép. : 10 mn. Cuiss. : 20 mn.

□ 6 pers.

900 g. de pommes de terre / 6 sardines à l'huile / 1 tasse de vin blanc / 1 gousse d'ail / Quelques feuilles de salade frisée ou cresson / 1 tasse de vinaigrette.

Cuire, peler et détailler les pommes de terre en rondelles.

Disposer dans un saladier les pommes de terre puis les filets de sardines et la salade.

Parsemer d'ail haché, arroser de vin blanc et de la vinaigrette.

Salade de cervelas et de pommes de terre

✕ ∞

Prép. : 15 mn. Cuiss. : 20 mn.

☐ 6 pers.

400 g. de cervelas / 1 kg. de pommes de terre / Feuilles de salade / 1 tasse de vinaigrette / Persil / 1 œuf dur / 1 tomate / 1 oignon.

Retirer la peau du cervelas, le fendre en deux dans le sens de la longueur et le couper.

Cuire les pommes de terre, les peler, les couper en rondelles.

Couper en quartiers l'œuf et la tomate.

Disposer les feuilles de salade, les pommes de terre, le cervelas et l'oignon haché.

Arroser de vinaigrette et parsemer de persil haché.

Salade de pommes de terre aux foies de volaille

✕ ∞

Prép. : 15 mn. Cuiss. : 25 mn.

☐ 6 pers.

500 g. de foies de volaille / 900 g. de pommes de terre / 6 belles feuilles de laitue / 1 grosse tomate / 2 œufs durs / 1 tasse de vinaigrette / 50 g. de persil.

Poêler les foies de volaille au beurre et les couper en dés.

Cuire, peler, détailler les pommes de terre.

Disposer dans un saladier sur la laitue les pommes de terre, les œufs durs, la tomate coupée en quartiers et les foies.

Arroser avec la vinaigrette et parsemer de persil haché.

Salade de pommes de terre au lard

Prép. : 20 mn. Cuiss. : 30 mn.

6 pers.

1 kg. de pommes de terre / 3 cuillerées à soupe de vinaigre / 200 g. de lard fumé / 1 petit oignon / Persil et ciboulette.

Cuire les pommes de terre avec leur peau, les peler, les couper en rondelles, les arroser d'un filet de vinaigre chaud.

Faire rissoler le lard coupé en dés dans un peu d'huile.

Mélanger le lard, les pommes de terre et l'oignon haché.

Servir tiède et parsemer de persil et ciboulette hachés.

Salade de pommes de terre et pissenlits au lard

Prép. : 15 mn. Cuiss. : 25 mn.

6 pers.

1 kg. de pommes de terre / 500 g. de pissenlits / 200 g. de lard fumé / 2 cuillerées de vinaigre / 1 petit oignon / 1 gousse d'ail.

Cuire les pommes de terre, les peler, les couper en rondelles.

Nettoyer et laver les pissenlits à plusieurs eaux. Les égoutter.

Disposer le tout dans un saladier et arroser d'un filet de vinaigre chaud.

Faire rissoler le lard coupé en dés dans un peu d'huile et le verser sur la salade.

Parsemer d'un peu de persil haché.

Pommes de terre frites ✗ ○

Prép. : 10 mn. Cuiss. : 15 mn.
◪ 6 pers.

1,2 kg. de pommes de terre Bintje / Sel / Huile.

Eplucher les pommes de terre. Les tailler en julienne de 5 mm de côté. Les laver et les éponger.

Les plonger dans l'huile à 180°C pendant 8 minutes. Elles doivent être tendres sous le doigt. Les retirer, les égoutter.

Plonger de nouveau les pommes de terre dans l'huile mais à 150°C pour les faire gonfler et les dorer. Les égoutter sur du papier absorbant.

Dresser dans un plat garni d'un papier absorbant et servir chaud en les poudrant de sel fin.

Pommes de terre paille ✗ ○

Prép. : 10 mn. Cuiss. : 15 mn.
◪ 6 pers.

1,2 kg. de pommes de terre / Sel / Huile.

Peler, tailler les pommes de terre en lames minces, puis les recouper en filets très fins. Les laver rapidement et les sécher. Les faire cuire ensuite comme des frites dans deux bains d'huile.

Les servir croquantes et sèches, saupoudrées de sel.

Pommes de terre chips ✗ ○

Prép. : 10 mn. Cuiss. : 5 mn.
◪ 6 pers.

1,2 kg. de pommes de terre / Sel / Huile.

Peler et tailler les pommes de terre en rondelles très minces. Les sécher parfaitement.

Les plonger dans l'huile bien chaude (150°) 5 minutes.

Pommes de terre Cendrillon

✗✗✗ ∞

Prép. : 20 mn. Cuiss. : 15 mn.

□ 6 pers.

6 pommes de terre moyennes / 1 dl. de crème / 2 dl. de lait / 4 œufs / Sel, poivre / 200 g. de farine / 150 g. de chapelure.

Peler les pommes de terre et les tailler en forme de sabot. Les passer dans la farine, dans les œufs battus avec le lait, puis la chapelure.

Frire les pommes de terre 10 minutes, qu'elles soient bien croustillantes et juste cuites. Les égoutter et évider les sabots peu profondément.

Mélanger la pulpe et la crème, assaisonner de sel et poivre. Garnir chaque sabot.

Mettre au four 10 minutes et servir bien chaud.

Pommes de terre cocotte

✗✗ ○

Prép. : 10 mn. Cuiss. : 10 mn.

◨ 6 pers.

1,2 kg. de petites pommes de terre / 40 g. de beurre / 5 cl. d'huile / Cerfeuil.

Eplucher les pommes de terre, les faire blanchir dans de l'eau salée 25 minutes.

Les égoutter totalement et les faire sauter dans une cocotte avec un mélange d'huile et de beurre 15 minutes.

Enfourner ensuite 10 minutes à couvert dans le four à 200°C. Surveiller et remuer de temps à autre. Lorsqu'elles sont bien dorées, les verser dans un légumier, les saupoudrer de cerfeuil et servir bien chaud.

On peut parfumer les pommes de terre au persil.

Pommes de terre nouvelles au basilic

🍴 ⭕

Prép. : 35 mn. Cuiss. : 10 mn.

◪ 6 pers.

1,2 kg. de pommes de terre nouvelles / 50 g. de beurre / 1 cuillerée d'huile / 4 feuilles de basilic fraîches ciselées.

Eplucher les pommes de terre, les laver, les éponger.

Verser les pommes de terre dans la matière grasse chaude. Les faire blondir en secouant souvent la cocotte, les saler. Couvrir et enfourner à 220°C 30 minutes.

Dresser dans un légumier et parsemer de basilic.

Pommes de terre à la polonaise

✕✕ ◯

Prép. : 10 mn. Cuiss. : 30 mn.

☐ 6 pers.

1,2 kg. de pommes de terre / 4 oignons / 1 branche de thym / 2 feuilles de laurier / 3/4 de cuillère de basilic / 8 clous de girofle / 1 cuillerée à café de poivre en grains / 40 g. de beurre / Sel fin.
Sauce : *35 g. de beurre / 30 g. de farine / 5 dl. d'eau / Sel fin, poivre / 40 g. de câpres au vinaigre.*

Mettre les pommes de terre lavées cuire à l'eau 25 minutes avec tous les ingrédients et les oignons coupés en quartiers.

Faire une sauce blanche, y ajouter les câpres.

Après cuisson, éplucher les pommes de terre, les couper en quartiers, les placer dans une légumier et napper avec la sauce.

Ce plat est très parfumé et digeste.

Pommes de terre à la sauce blanche

✕ ◯

Prép. : 15 mn. Cuiss. : 20 mn.

☐ 6 pers.

900 g. de pommes de terre / 60 g. de beurre / 100 g. d'oignons / 50 g. de farine / 1 dl. de lait / Sel, poivre / 100 g. de fromage râpé / 1 dl. de vinaigre / 50 g. de fines herbes hachées.

Peler les pommes de terre et les couper en minces tranches.

Faire revenir l'oignon émincé dans du beurre, saupoudrer avec la farine et en remuant mouiller avec le lait, puis ajouter les pommes de terre, sel, poivre et couvrir 20 minutes.

A la fin de la cuisson arroser avec le vinaigre, saupoudrer de fromage et de fines herbes hachées.

Pommes de terre à la lyonnaise

✕✕ ○

Prép. : 15 mn. Cuiss. : 55 mn.

☐ 6 pers.

1,2 kg. de pommes de terre / 60 g. de beurre / 1 cuillerée d'huile / 60 g. de persil / 200 g. d'oignons.

Peler et émincer les pommes de terre. Les faire cuire à la poêle avec la matière grasse sur feu vif. Secouer la poêle pour les remuer et éviter qu'elles attachent. Saler, poivrer.

Après 15 minutes de cuisson, couvrir, baisser le feu et laisser cuire 10 minutes.

Emincer les oignons finement. Les faire revenir au beurre.

Les mélanger aux pommes de terre sautées et les cuire ensemble 10 minutes de plus.

Servir saupoudré de persil haché.

Pommes de terre au four à l'ail

✕ ○

Prép. : 10 mn. Cuiss. : 45 mn.

◨ 6 pers.

1,2 kg. de pommes de terre / 2 gousses d'ail hachées / 3 oignons / 1 cuillerée à soupe d'huile / 40 g. de beurre / 40 g. de ciboulette hachée.

Peler les pommes de terre, les couper en rondelles et les faire rissoler dans l'huile et le beurre avec l'ail haché et les oignons émincés.

Mettre ensuite à four chaud pendant 30 minutes.

Servir en parsemant de ciboulette hachée.

Pommes de terre aux champignons

✗✗   ○

Prép. : 20 mn. Cuiss. : 1 h 20 mn.

☐   6 pers.

1,3 kg. de pommes de terre / 400 g. de champignons de Paris / 150 g. d'échalotes / 50 g. de beurre / 1 cuillerée d'huile / 20 g. de farine / Sel, poivre / 1,5 dl. d'eau / 150 g. de ciboulette ciselée.

Eplucher et couper en quartiers les pommes de terre. Eplucher, hacher les champignons et l'échalote.

Faire rissoler les pommes de terre, puis les champignons et l'échalote. Laisser cuire à feu doux 40 minutes.

Saupoudrer de farine et mouiller d'un peu d'eau, laisser reprendre la cuisson quelques minutes.

Saler, poivrer, saupoudrer de ciboulette et servir.

Pommes de terre à la bretonne

✗   ○

Prép. : 20 mn. Cuiss. : 30 mn.

☐   6 pers.

1 kg. de pommes de terre / 4 tomates / 4 gros oignons / 100 g. d'ail / 60 g. de beurre / 2 dl. de bouillon / Persil.

Peler les pommes de terre et les couper en dés, les faire revenir doucement au beurre, mouiller avec le bouillon.

Ajouter les oignons et l'ail hachés, les tomates pelées, épépinées et concassées. Laisser réduire 30 à 35 minutes.

Servir chaud saupoudré de persil haché.

Pommes de terre à l'étuvée

Prép. : 15 mn. Cuiss. : 40 mn.

6 pers.

1,3 kg. de pommes de terre / 2 dl. de crème / 150 g. de carottes / 1 oignon moyen / 3 gousses d'ail / 1 poireau / 50 g. de beurre / 2 cuillerées d'huile.

Hacher l'oignon et l'ail, émincer le poireau, peler, couper en rondelles les carottes et les pommes de terre.

Faire blondir l'oignon et l'ail puis ajouter les légumes. Couvrir d'eau et laisser cuire 30 à 40 minutes.

A la fin de la cuisson ajouter de la crème fraîche et servir bien chaud.

Pommes de terre aux poireaux

✕ ○

Prép. : 15 mn. Cuiss. : 30 mn.

□   6 pers.

1 kg. de pommes de terre / 500 g. de poireaux / 1 demi-litre de lait / 25 cl. de crème fraîche / 1 oignon / Sel, poivre / 100 g. de gruyère râpé / 2 cuillerées d'huile.

Laver et éplucher les pommes de terre, les couper en cubes et les essuyer. Les faire rissoler à l'huile.

Nettoyer les poireaux, les couper en deux dans le sens de la longueur puis en petits morceaux, les laver à grande eau. Les égoutter.

Éplucher l'oignon et le couper en morceaux.

Verser les oignons et les poireaux dans les pommes de terre. Laisser griller encore 1 minute puis arroser de lait. Saler, poivrer et couvrir la cocotte. Réduire le feu.

Dès que le liquide est réduit, ajouter la crème et la laisser juste chauffer car elle ne doit pas bouillir.

Au moment de servir, verser dans un plat et saupoudrer avec le gruyère râpé.

Pommes de terre à la normande

✕ ∞

Prép. : 15 mn. Cuiss. : 40 mn.

□   6 pers.

1,2 kg. de pommes de terre / 150 g. de lard fumé / 1 gros oignon / 1 blanc de poireau / 2,5 dl. d'eau / 2,5 dl. de lait / Sel, poivre.

Faire blondir l'oignon et le blanc de poireau émincés fin et le lard coupé en dés.

Ajouter les pommes de terre crues en rondelles fines.

Mouiller avec l'eau et le lait bouilli. Laisser cuire jusqu'à réduction et servir lorsque le mélange est bien épais.

Pommes de terre à la fribourgeoise

✗ ○

Prép. : 10 mn. Cuiss. : 30 mn.

□ 6 pers.

1,3 kg. de pommes de terre / 100 g. de beurre / 1 cuillerée d'huile / 100 g. de fromage râpé / 1 œuf / 1 dl. de lait / Sel, poivre.

Peler les pommes de terre, les couper en tranches d'un demi-centimètre d'épaisseur, les faire revenir dans la graisse et les couvrir 10 minutes.

Saupoudrer ensuite de fromage râpé et y verser l'œuf battu avec le lait, le sel et le poivre. Couvrir et cuire sans remuer, à feu doux, 20 minutes et servir.

Pommes de terre au Munster

✗ ∞

Prép. : 15 mn. Cuiss. : 30 mn.

□ 6 pers.

1 kg. de pommes de terre / 1 dl. d'huile / 1 petit Munster / Sel, poivre.

Peler, couper les pommes de terre en dés, les laver à l'eau chaude et bien les essuyer.

Faire doucement rissoler les pommes de terre à l'huile. Dès qu'elles sont bien dorées, baisser le feu et les couvrir 10 minutes. Saler, poivrer.

Enlever la croûte du Munster, le poser sur les pommes de terre cuites, le laisser fondre et servir.

Dans diverses régions de France on accommode les pommes de terre rissolées de façons identiques mais avec un fromage local.

En Auvergne on remplace le munster par de la tome du cantal coupée en lamelles après avoir fait rissoler les pommes de terre avec des lardons, c'est la truffade.

En Franche-Comté on couvre les pommes de terre et les lardons avec de la cancoillotte.

En Savoie on fait rissoler pommes de terre et oignons émincés et on couvre d'un reblochon, c'est la pela.

Dans d'autres régions un camembert remplace le reblochon.

Crêpes de pommes de terre

✕✕   ◯

Prép. : 15 mn. Cuiss. : 20 mn.

◩   6 pers.

1 kg. de pommes de terre / 2 œufs / 1 dl. d'huile / Sel, poivre.

Eplucher, laver et râper les pommes de terre.

Dans une terrine, mélanger les pommes de terre avec 2 œufs entiers. Saler, poivrer.

Confectionner les crêpes dans une poêle beurrée et servir aussitôt.

On peut également ajouter 2 oignons hachés ou 1 cuillerée à soupe de persil haché à la pulpe de pommes de terre râpée.

Pommes de terre au gruyère

✕   ◯

Prép. : 10 mn. Cuiss. : 1 h.

◻   6 pers.

1,2 kg. de pommes de terre / Sel, poivre / 100 g. de beurre / 2 cuillerées d'huile / 80 g. de gruyère râpé.

Emincer les pommes de terre crues en fines rondelles, les saler et les poivrer.

Faire chauffer la matière grasse, y verser les pommes de terre, les faire sauter de temps en temps pour les remuer. Lorsqu'elles sont colorées, les saupoudrer de gruyère râpé, couvrir et les laisser cuire jusqu'à ce qu'elles soient fondantes et que le dessous colore.

En une seule fois retourner les pommes de terre comme une crêpe. Laisser cuire le nouveau côté et faire glisser la galette sur un plat. Servir chaud.

Pommes de terre savoyardes

✗ ✗   O

Prép. : 15 mn.   Cuiss. : 45 mn.

☐   6 pers.

1 kg. de pommes de terre / 1/2 lit. de bouillon / 100 g. de beurre / 1 gros oignon / 150 g. de gruyère.

Emincer l'oignon, peler les pommes de terre, les couper en rondelles fines et faire revenir l'ensemble au beurre.

Les répartir dans un plat à gratin, avec le gruyère en lamelles, couvrir à hauteur d'eau bouillante. Mettre au four, laisser cuire et gratiner.

Servir dans le plat bien chaud.

Gratin dauphinois

✗ ✗   O

Prép. : 10 mn.   Cuiss. : 45 mn.

☐   6 pers.

1 kg. de pommes de terre / 100 g. de gruyère râpé / 1 dl. de crème fraîche / Sel, poivre / 1 gousse d'ail / 1 jaune d'œuf / 2 dl. de lait.

Frotter le fond d'un plat à gratin avec l'ail, saler.

Eplucher les pommes de terre, les couper en rondelles pas trop fines. Ranger une couche de pommes de terre au fond du plat. Verser un peu de crème fraîche et du fromage râpé.

Ranger une deuxième couche de pommes de terre recouverte de gruyère.

Verser dessus un appareil réalisé avec le lait, le reste de crème, le jaune d'œuf, sel, poivre pour juste couvrir les pommes de terre. Faire cuire à four moyen 45 minutes.

Servir dans le plat bien chaud.

Pommes de terre au lard et aux fruits séchés

XX ∞

Prép. : 15 mn.   Cuiss. : 1 h 15 mn.

☐   6 pers.

1,5 kg. de pommes de terre / 100 g. de poires et pommes séchées / 100 g. de sucre / 300 g. de poitrine fumée / 2 lit. de bouillon.

Faire un caramel au filet, ajouter les fruits séchés. Réserver hors du feu.

Faire sauter le lard coupé en petits dés et ajouter les fruits caramélisés. Mouiller le tout avec le bouillon et laisser cuire 30 minutes.

Eplucher les pommes de terre, les couper en rondelles et les ajouter à la préparation.

Faire cuire au four th. 6 45 minutes et servir.

Pâté à la bourbonnaise

✕✕ ◯

Prép. : 40 mn. Cuiss. : 1 h 40 mn.

☐ 6 pers.

Pâte : *300 g. de farine / 1 jaune d'œuf / Sel / 150 g. de beurre.*
1 kg. de pommes de terre / 2 oignons / 1 dl. de crème fraîche / Sel, poivre / 1 œuf.

Faire la pâte et la laisser reposer 30 minutes.

L'étendre à 1 cm d'épaisseur et en foncer la terrine en la laissant dépasser de 2 cm. Couper dans le reste de pâte un couvercle de la dimension de la terrine.

Disposer dans la terrine une couche de pommes de terre épluchées, lavées et coupées en rondelles. Poser les 2 oignons entiers sur les pommes de terre et garnir la terrine avec le reste des pommes de terre. Saler, poivrer. Rabattre le bord de pâte, l'humecter. Poser le couvercle en pâte et le souder au bord replié.

Dorer le couvercle avec le jaune d'œuf. Cuire la terrine à four moyen 1 heure 30 minutes.

Au terme de la cuisson, découper le couvercle, verser la crème fraîche dans la terrine et recouvrir.

Servir dans la terrine de cuisson.

Pommes de terre des vendangeurs de Bourgogne

✕✕ ⚭

Prép. : 30 mn. Cuiss. : 1 h 20 mn.

☐ 6 pers.

1,2 kg. de pommes de terre / 400 g. de poitrine de porc fumée / 80 g. de fromage râpé / 500 g. de poitrine demi-sel / 80 g. de beurre.

Disposer au fond d'un récipient allant au four la moitié des tranches de poitrine fumée.

Peler et émincer les pommes de terre à cru.

Disposer une couche de pommes de terre sur le lard, puis parsemer de fromage râpé. Recouvrir de poitrine demi-sel, d'une couche de pommes de terre, parsemer de fromage râpé. Terminer par de la poitrine fumée.

Poivrer et parsemer de quelques noisettes de beurre. Enfourner à 250°C pendant 1 heure 15 minutes.

Démouler et servir brûlant.

Pommes de terre au lard

✕✕ ⚭

Prép. : 10 mn. Cuiss. : 1 h 20 mn.

☐ 6 pers.

1,3 kg. de pommes de terre / 200 g. de poitrine fumée / 150 g. de persil / Sel, poivre / 50 g. de ciboule / 60 g. de beurre / 20 g. de farine / 4 dl. d'eau.

Couper la poitrine fumée en petits dés.

Faire un roux blanc avec le beurre, la farine, l'eau. Ajouter le lard et faire bouillir 30 minutes.

Peler les pommes de terre, les couper en morceaux, les ajouter dans le roux. Laisser cuire 45 minutes.

Vérifier l'assaisonnement. Ajouter le persil et la ciboule hachés.

Servir dès que les pommes de terre sont cuites et que la sauce est réduite.

Pommes de terre au lard à la berrichone :
Ajouter 2 oignons pelés et hachés avec les fines herbes.

Potée boulangère

X ∞

Prép. : 20 mn. Cuiss. : 2 h.

☐ 6 pers.

1 kg. d'échine de porc désossée / 150 g. d'oignons / 500 g de lard frais / 2 gousses d'ail / 1 blanc de poireau / 2 carottes / 1/2 lit. de vin blanc sec / Sel, poivre / 2 feuilles de laurier / 2 clous de girofle / 1,5 kg. de pommes de terre / 2 cuillerées de farine.

Peler et émincer les pommes de terre et les carottes en rondelles ; le poireau en tronçons de 2 cm.

Couper le lard en petits morceaux.

Poser la viande au milieu d'une terrine. Disposer autour une couche de pommes de terre, le lard en morceaux, les légumes, le laurier, le clou de girofle, puis finir par une couche de pommes de terre. Saler, poivrer, mouiller avec le vin.

Couvrir et luter le couvercle avec la farine délayée à l'eau. Faire cuire au four, th. 7, 2 heures.

On peut ajouter une queue de porc pour rendre la potée plus moelleuse.

Saucisse de pommes de terre

✗✗✗   ∞

Prép. : 35 mn. Cuiss. : 2 h 30 mn.

□   6 pers.

1 gros intestin de porc / 1 kg. de pommes de terre / 300 g. de blanc de poireaux / 1 gros oignon / 1 grosse carotte / 1 tasse de grabons (résidus de fonte du saindoux) / 300 g. de panse de porc pochée / 3 dl. de vin blanc d'Alsace / 1 bouquet garni / 100 g. de beurre.

Laver l'intestin de porc, sans le déchirer.

Peler, laver, couper en petits dés les pommes de terre, le poireau et la carotte en minces rondelles, le chou en petits morceaux, émincer l'oignon pelé.

Dans une terrine mélanger tous les éléments en ajoutant la panse de porc coupée en cubes, le vin blanc. Assaisonner et bien mélanger.

Remplir l'intestin du mélange et ficeler l'extrémité.

Faire pocher cette saucisse dans l'eau salée pendant 2 heures avec le bouquet garni. Piquer les boursouflures avec une aiguille pour qu'elles n'éclatent pas.

Egoutter la saucisse, la badigeonner d'huile et la faire dorer au four th. 5, 30 minutes.

Pommes de terre nouvelles gratinées

✕ ○

Prép. : 10 mn. Cuiss. : 35 mn.
◪ 6 pers.

1,3 kg. de pommes de terre nouvelles / 80 g. de beurre / 100 g. de gruyère râpé / Sel fin, poivre.

Cuire les pommes de terre non pelées dans l'eau, 25 minutes.

Au terme de la cuisson, les égoutter et les couper en deux avec leur peau dans le sens de la longueur. Les ranger dans un plat à gratin et déposer sur le dessus une noisette de beurre et du gruyère râpé.

Faire gratiner à four très chaud quelques minutes, jusqu'à ce que la peau des pommes de terre soit croustillante, pour être mangée.

On peut faire cuire les pommes de terre au four sur du sel, ou même en papillote (enveloppées de papier aluminium).

Pommes de terre Mammakey

✕ ✕ ○

Prép. : 15 mn. Cuiss. : 30 mn.
◪ 6 pers.

1 kg. de pommes de terre / 60 g. de beurre / 5 cl. d'huile / 150 g. de persil haché / Sel, poivre.

Faire cuire les pommes de terre en robe des champs 5 minutes. Les peler.

Creuser à la cuillère à légumes des petites billes de pommes de terre. Faire fondre ces billes dans la matière grasse. Dès qu'elles sont bien dorées, les passer 10 minutes à four chaud.

Servir en saupoudrant de persil haché.

Pommes de terre sautées

✕ ○

Prép. : 10 mn. Cuiss. : 45 mn.

◪ 6 pers.

1,2 kg. de pommes de terre / 60 g. de beurre / Persil.

Faire cuire les pommes de terre en robe des champs 30 minutes, les maintenir fermes. Les peler et les détailler en rondelles moyennes.

Les faire sauter au beurre 15 minutes à découvert en les retournant souvent. Saler, poivrer.

Servir avec du persil haché.

Gnocchi de pommes de terre à l'alsacienne

Prép. : 15 mn. Cuiss. : 25 mn.

6 pers.

1 kg. de pommes de terre / 80 g. de farine / 3 jaunes d'œufs / 80 g. de persil haché / 30 g. de poireau haché / 60 g. de beurre / 50 g. de croûtons de pain / Sel, poivre / 5 cl. de crème.

Cuire les pommes de terre au four 40 minutes.

Les peler,les écraser et y ajouter le sel, le poivre, les jaunes d'œufs, la farine, le persil et le poireau hachés.

Mouler des boules de pâte et les pocher à l'eau bouillante 3 à 5 minutes. Les égoutter et les dresser dans un plat creux. Verser la crème tiédie au fond du plat.

Faire rissoler les croûtons dans le beurre et les verser sur les gnocchi.

Servir avec une salade.

Palets de pommes de terre

Prép. : 15 mn. Cuiss. : 50 mn.

6 pers.

1,3 kg. de pommes de terre / 3 gros oignons / 60 g. de beurre.

Cuire les pommes de terre en robe des champs, les peler et les hacher grossièrement.

Hacher finement les oignons et les mélanger aux pommes de terre.

Façonner ce mélange en palets. Les faire colorer au beurre dans une sauteuse.

Servir très chaud.

Quenelles de pommes de terre à la crème

XX ∞

Prép. : 30 mn. Cuiss. : 20 mn.

☐ 6 pers.

1,5 kg. de pommes de terre / 3 œufs / 100 g. de farine / 5 cl. d'huile / Sel, poivre.
Nappage : *2 œufs / 20 cl. de crème fraîche / Sel fin.*
Compote de pommes.

Cuire les pommes de terre en robe des champs, les peler et les écraser en purée. Incorporer les œufs entiers et la farine, assaisonner.

Former les quenelles (6 cm de long, 1 cm de diamètre). Les fariner et les faire rôtir des deux côtés dans l'huile très chaude jusqu'à ce qu'elles soient craquantes.

Avant de servir, les napper des œufs battus avec la crème tiédie et salés.

Servir avec une compote de pommes.

Quenelles de pommes de terre

XX ∞

Prép. : 20 mn. Cuiss. : 20 mn.

☐ 6 pers.

1,5 kg. de pommes de terre / 250 g. de farine / 3 œufs / 150 g. de persil haché / 100 g. de croûtons frits / 3 dl. d'eau / 5 dl. de crème fraîche.

Cuire les pommes de terre en robe des champs, les peler, les écraser en purée. Ajouter les œufs, le persil, la farine, et la moitié des croûtons frits.

Former des boulettes et les plonger dans de l'eau bouillante salée 5 minutes. Dès qu'elles sont cuites, elles remontent à la surface. Les dresser dans un plat nappé de crème chaude et parsemer du reste de croûtons.

Pommes de terre Berny

✗✗✗ ◯◯◯

Prép. : 25 mn. Cuiss. : 45 mn.

◢ 6 pers.

1,2 kg. de pommes de terre / 2 gros œufs / Sel, poivre / 40 g. de beurre / 100 g. de farine / 1 truffe / Amandes effilées.

Cuire les pommes de terre en robe des champs, les éplucher, les réduire en purée.

Ajouter 2 jaunes d'œufs et 1 blanc à la purée. Incorporer le deuxième blanc battu en neige et laisser refroidir cette pâte.

Hacher finement la truffe et la mélanger à la purée.

Façonner des boulettes de pâte et les paner avec des amandes effilées.

Frire dans l'huile quelques minutes jusqu'à ce qu'elles soient dorées et croustillantes.

Croquettes de pommes de terre

✗✗✗ ◯

Prép. : 50 mn. Cuiss. : 15 mn.

◢ 6 pers.

1 kg. de pommes de terre / 2 œufs / 30 g. de beurre / Sel / Huile.

Cuire les pommes de terre en robe des champs. Les peler, les écraser, ajouter le beurre, 2 jaunes d'œufs et 1 blanc. Incorporer ensuite doucement le dernier blanc monté en neige.

Former avec la pâte des croquettes, les rouler dans la farine, et les faire frire dans l'huile bien chaude.

Dresser les croquettes en buisson sur un plat garni d'un papier absorbant.

Pfloutes de pommes de terre à la semoule fine

Prép. : 15 mn. Cuiss. : 20 mn.
6 pers.

1,5 kg. de pommes de terre / 1 lit. de lait / 400 g. de semoule de blé / 100 g. de beurre / Sel fin / Compote de pommes.

Cuire les pommes de terre en robe des champs, les peler, les écraser en purée.

Incorporer doucement le lait chaud, puis la semoule jusqu'à obtention d'un appareil homogène qui gonfle.

Découper, avec une cuillère plongée dans le beurre chaud, des pfloutes allongées en forme d'œuf, et les ranger dans un plat.

Au moment de servir, arroser du reste de beurre fondu bien chaud.

Servir avec une compote de pommes.

Quenelles à la mode de la vallée de Munster

Prép. : 25 mn. Cuiss. : 20 mn.
6 pers.

1,5 kg. de pommes de terre / 300 g. de farine / 3 dl. de lait / 1 dl. de crème fraîche / 100 g. de beurre / 50 g. de margarine / 150 g. de croûtons frits au beurre.

Cuire les pommes de terre en robe des champs, les peler, les écraser. Incorporer au fouet le lait, la farine, et laisser cuire pour faire gonfler la pâte.

Faire fondre le beurre, y tremper une cuillère pour former de petites boules de pâte en passant entre chacune la cuillère dans la matière grasse ; ranger les quenelles dans un plat à gratin beurré. Maintenir le plat dans le four ouvert.

Répartir les croûtons sur les quenelles, verser la crème chaude au fond du plat et servir.

Pommes de terre au blanc

Prép. : 10 mn. Cuiss. : 1 h.

6 pers.

1,2 kg. de pommes de terre / 50 g. de beurre / 200 g. de ciboule et persil haché / 2 dl. de lait / Sel, poivre.

Cuire les pommes de terre non pelées, à l'eau.

Peler et couper les pommes de terre en quartiers.

Faire fondre le beurre, y ajouter les pommes de terre et les laisser légèrement rissoler, puis ajouter le lait, laisser prendre l'ébullition, saupoudrer de persil et ciboulette et servir dans le poêlon bien chaud.

On peut laisser cuire jusqu'à réduction du lait avant d'ajouter les herbes.

On peut également remplacer le lait par de la crème.

Gratin de pommes de terre Côte d'Or

Prép. : 20 mn. Cuiss. : 40 mn.

6 pers.

1 kg. de pommes de terre / 50 cl. de crème fraîche / 2 cuillerées à soupe de moutarde / Persil / Ciboulette / Sel, poivre.

Faire cuire les pommes de terre 15 minutes. Elles doivent rester fermes. Encore chaudes, les éplucher et les couper en rondelles.

Hacher le persil et la ciboulette. Les mélanger avec la crème fraîche, la moutarde, le sel et le poivre ; bien mélanger.

Beurrer un plat à gratin et y disposer les pommes de terre.

Verser par-dessus le mélange crème et moutarde.

Mettre à four chaud (thermostat 7/250°) pendant 40 minutes.

Quand la surface est dorée, le plat est à point.

Pommes de terre à la mode de Prague

✕✕   ○

Prép. : 20 mn. Cuiss. : 40 mn.
□   6 pers.

1,2 kg. de pommes de terre / 12 œufs / 3 dl. de crème fraîche / 100 g. de fromage râpé / Sel, poivre.

Cuire les pommes de terre en robe des champs, les éplucher. Faire cuire les œufs durs, les écailler.

Couper en rondelles les œufs et les pommes de terre.

Dans un plat à gratin, disposer une couche de pommes de terre salée et poivrée, couvrir de crème fraîche, de rondelles d'œufs et d'une dernière couche de pommes de terre, assaisonner, parsemer de fromage râpé et gratiner au four th. 8 10 minutes.

On peut remplacer la crème par un roux fait avec 2 oignons émincés rissolés dans 30 g. de beurre, saupoudrés de 25 g. de farine et mouillés avec 1/4 lit. de bouillon et 1 cuillerée de vinaigre.

Omelette aux pommes de terre

✕   ○

Prép. : 5 mn. Cuiss. : 10 mn.
□   4 pers.

4 pommes de terre cuites en robe des champs / 8 œufs / 5 cl. d'eau / Sel, poivre / Persil haché / 50 g. de beurre / 2 cuillerées d'huile.

Peler et couper les pommes de terre en rondelles et les faire rissoler dans un mélange beurre-huile.

Battre les œufs, les saler, les poivrer, additionner de persil. Les faire cuire à feu vif, avec le reste de matière grasse bien chaude, dans une poêle.

Décoller les bords de l'omelette et dès qu'elle est dorée au bord et encore baveuse au centre, verser les pommes de terre sur une moitié de l'omelette. La glisser sur un plat en la pliant en chausson.

Pommes de terre aux œufs

✗ ✗   ○

Prép. : 15 mn.   Cuiss. : 45 mn.

□   6 pers.

6 pommes de terre / 80 g. de beurre / 1 dl. de lait / 6 œufs / Sel, poivre.

Cuire les pommes de terre au four. Les évider et mélanger la pulpe au beurre, incorporer le lait, assaisonner.

Garnir les pommes de terre en laissant un creux au milieu de chacune, y casser 1 œuf et enfourner 10 à 15 minutes pour cuire les œufs.

Pommes de terre à la Dauphine

✕✕ ○

Prép. : 10 mn. Cuiss. : 50 mn.

◪ 6 pers.

500 g. de pommes de terre / Sel, poivre, muscade.
Pâte à choux : 50 g. de beurre / 1 dl. d'eau / 120 g. de
farine / 2 œufs / Sel fin.

Faire bouillir l'eau, le beurre, le sel, et ajouter la farine. Travailler la pâte au fouet jusqu'à ce qu'elle se détache de la casserole. Hors du feu, incorporer l'un après l'autre les œufs entiers pour obtenir une pâte homogène.

Cuire les pommes de terre 35 minutes, les éplucher, les écraser et les mélanger à la pâte à choux.

Former des boulettes avec 2 cuillères et les faire frire dans l'huile chaude ; les retirer dès qu'elles sont dorées.

Servir sur un papier absorbant.

Timbale alsacienne gratinée

✕✕ ∞

Prép. : 20 mn. Cuiss. : 45 mn.

☐ 6 pers.

1,5 kg. de pommes de terre / 100 g. de beurre / 400 g. de jambon / 2 dl. de crème / Chapelure / 2 gros oignons.

Cuire les pommes de terre en robe des champs, les peler et les couper en lamelles.

Mettre une couche de pommes de terre dans un plat à gratin beurré, parsemer quelques oignons émincés puis une couche de jambon haché, couvrir de crème. Remplir le plat en alternant de nouvelles couches.

Répartir le reste des oignons émincés, la chapelure et quelques noisettes de beurre. Cuire au four 200° pendant 45 minutes.

Pommes de terre farcies au fromage

✗✗ ○

Prép. : 15 mn. Cuiss. : 40 mn.

□ 6 pers.

6 ou 12 pommes de terre à chair ferme selon leur taille (BF 15 ou Ratte) / 300 g. de fromage râpé / Sel, poivre / 160 g. de beurre.

Cuire les pommes de terre au four (voir modes de cuisson p. 4).

Couper leur partie supérieure dans le sens de la longueur et les évider. Mixer la pulpe ou écraser finement avec une fourchette.

Mélanger cette pulpe, le fromage râpé et 100 g. de beurre et en garnir les pommes de terre ; les ranger dans un plat allant au four.

Parsemer de fromage râpé. Faire gratiner au four 4 minutes, thermostat 7.

Arroser du beurre fondu restant et servir chaud.

... et à la ciboulette

✗✗ ○

Prép. : 10 mn. Cuiss. : 40 mn.

□ 6 pers.

6 ou 12 pommes de terre / 200 g. de ciboulette / 2 dl. de crème fraîche / 60 g. de beurre / Sel, poivre / 100 g. de fromage râpé.

Cuire les pommes de terre au four et les évider.

Mélanger la crème fraîche et la ciboulette coupée finement aux ciseaux, à la pulpe. Garnir les pommes de terre et les mettre dans un plat allant au four.

Parsemer de fromage râpé. Arroser avec le beurre fondu. Faire gratiner au four 4 minutes thermostat 7.

Pommes de terre farcies à la viennoise

Prép. : 15 mn. Cuiss. : 40 mn.
6 pers.

6 ou 12 pommes de terre / 2 dl. de crème fraîche / 150 g. d'herbes (cerfeuil, ciboulette, estragon, persil) / 300 g. de fromage râpé / 60 g. de beurre / 2 œufs / Sel.

Cuire les pommes de terre au four et les évider.

Mélanger à la pulpe la crème, le beurre, les herbes hachées, les œufs entiers, 200 g. de fromage. Saler.

Garnir les pommes de terre, les ranger dans un plat et parsemer de fromage râpé.

Arroser du beurre fondu. Faire gratiner.

Pommes de terre farcies bohémienne

✗✗   O

Prép. : 15 mn.   Cuiss. : 1 h 10 mn.

☐   6 pers.

6 grosses ou 12 petites pommes de terre / 100 g. de beurre / 300 g. d'échalotes / Sel, poivre, Cayenne.

Cuire les pommes de terre au four et les évider.

Mélanger les échalotes hachées, le beurre, le sel, le poivre, le Cayenne à la pulpe de pommes de terre. Remplir les cavités avec cette farce.

Remettre au four 20 minutes thermostat 7.

Pommes de terre farcies aux champignons

✗✗   O

Prép. : 20 mn.   Cuiss. : 1 h 5 mn.

☐   6 pers.

6 ou 12 pommes de terre / 500 g. de champignons de Paris / 1 gros oignon / 150 g. d'échalotes / Muscade / Sel, poivre / 60 g. de beurre / 100 g. de fromage râpé.

Cuire les pommes de terre au four et les évider.

Hacher les champignons lavés dans plusieurs eaux. leur faire suer leur eau de végétation, puis ajouter l'oignon et l'échalote hachés. Ajouter muscade, sel, poivre.

Mélanger la duxelles et la pulpe des pommes de terre et les garnir.

Parsemer de fromage râpé et arroser du beurre fondu.

Gratiner et servir chaud.

Pommes de terre farcies au chou

XX ◯

Prép. : 40 mn. Cuiss. : 10 mn.

☐ 6 pers.

6 grosses pommes de terre ou 12 petites / 1 cuillerée d'huile / 60 g. de beurre / 400 g. de chou vert / 100 g. de Cantal / Sel, poivre.

Cuire les pommes de terre au four et les évider.

Hacher le chou, le faire braiser dans la matière grasse et le mélanger à la pulpe des pommes de terre. Rectifier l'assaisonnement.

Garnir les pommes de terre, parsemer de lamelles de fromage, arroser de beurre fondu.

Faire gratiner au four 4 minutes thermostat 7.

Pommes de terre farcies à la florentine

XX ◯

Prép. : 15 mn. Cuiss. : 1 h 15 mn.

☐ 6 pers.

6 grosses ou 12 petites pommes de terre / 400 g. d'épinards / 150 g. de beurre / Sel, poivre / 30 g. de farine / 2 dl. de lait / 200 g. de fromage râpé / Muscade / 2 jaunes d'œufs.

Cuire les pommes de terre au four et les évider.

Laver, hacher et faire étuver les épinards dans 50 g. de beurre.

Faire une sauce Mornay. Faire un roux blond avec 30 g. de farine et 30 g. de beurre, mouiller en remuant avec le lait, sans faire de grumeaux. Hors du feu, incorporer les jaunes d'œufs puis le gruyère râpé.

Mélanger la pulpe des pommes de terre et les épinards et en garnir les pommes de terre. Napper avec la sauce.

Gratiner au four th. 7, 10 minutes et servir très chaud.

Pommes de terre farcies marinière

✗✗   ∞

Prép. : 25 mn. Cuiss. : 1 h 15 mn.

☐   6 pers.

6 ou 12 pommes de terre / 200 g. d'échalotes / 1 œuf / 40 g. d'estragon / Sel, poivre / 200 g. de beurre / 100 g. de fromage râpé / 4 filets de maquereaux.

Cuire les pommes de terre au four et les évider.

Lever les filets de maquereaux et les faire cuire dans un fumet 10 minutes, les y laisser refroidir.

Hacher les filets de poisson, les échalotes et l'estragon, puis les mélanger à la pulpe de pommes de terre et lier avec l'œuf. Assaisonner.

Garnir les pommes de terre, parsemer de fromage râpé et faire gratiner au four 4 minutes, th. 7.

Pommes de terre farcies à la provençale

✗   ○

Prép. : 15 mn. Cuiss. : 45 mn.

☐   6 pers.

6 ou 12 pommes de terre / 3 grosses tomates / 6 œufs / 150 g. de thon en boîte / 60 g. de beurre / Sel, poivre / 100 g. de fromage râpé.

Cuire les pommes de terre au four et les évider.

Cuire les œufs durs, émietter le thon, peler et épépiner les tomates.

Mélanger la pulpe de pommes de terre, le thon, les tomates et les jaunes d'œufs hachés, bien relever l'assaisonnement.

Garnir les pommes de terre, les saupoudrer de fromage râpé et arroser de beurre fondu.

Faire gratiner 4 minutes, thermostat 7.

Servir chaud.

Pommes de terre farcies à l'alsacienne

XX O

Prép. : 20 mn. Cuiss. : 1 h 15 mn.

□ 6 pers.

6 grosses ou 12 petites pommes de terre / 300 g. de viande cuite / 100 g. de poitrine fumée / 1 gros oignon / 150 g. de persil / 2 cuillerées à soupe de concentré de tomates / Sel, poivre, muscade / 2 œufs / 50 g. de fromage râpé / 100 g. de beurre.

Cuire les pommes de terre au four et les évider.

Faire fondre l'oignon au beurre, ajouter la viande, le lard, l'oignon et le persil hachés et le concentré de tomate.

Mélanger la farce, la pulpe et ajouter les œufs entiers.

Garnir les pommes de terre, parsemer de fromage râpé, arroser de beurre fondu.

Gratiner au four et servir chaud.

Pommes de terre farcies à la charcutière

XX ∞

Prép. : 15 mn. Cuiss. : 55 mn.

□ 6 pers.

6 grosses ou 12 petites pommes de terre / 2 gousses d'ail / 100 g. de persil / 300 g. de chair à saucisse / 200 g. d'oignons / Sel, poivre / 150 g. de beurre / 100 g. de fromage râpé / 1 jaune d'œuf / 2 cuillerées à soupe d'huile.

Cuire les pommes de terre au four et les évider.

Faire fondre l'oignon émincé dans la matière grasse, ajouter la chair à saucisse.

Hacher le persil, l'ail et les ajouter à la farce ainsi que la pulpe. Rectifier l'assaisonnement.

Garnir les pommes de terre, les saupoudrer de fromage et arroser de beurre fondu.

Faire gratiner au four et servir très chaud.

Pommes de terre farcies paysanne

✕✕   ∞

Prép. : 15 mn. Cuiss. : 1 h 10 mn.

☐   6 pers.

6 ou 12 pommes de terre / 500 g. de porc et bœuf cuits mélangés / 1 gros oignon / Sel, poivre / 1 dl. de lait / 100 g. de mie de pain / 60 g. de ciboulette et persil / 1 œuf / 60 g. de beurre.

Cuire les pommes de terre au four et les évider.

Tremper le pain dans le lait et l'écraser.

Hacher la viande, l'oignon et les fines herbes.

Mélanger la viande, l'oignon, le pain, la pulpe de pommes de terre, l'œuf et les fines herbes, assaisonner de sel et de poivre.

Garnir les pommes de terre et les arroser de beurre fondu. Faire gratiner au four 4 minutes.

Pommes de terre farcies forestière

✕✕   ∞

Prép. : 20 mn. Cuiss. : 1 h.

☐   6 pers.

6 grosses ou 12 petites pommes de terre / 500 g. de foies de volaille / 200 g. de champignons de Paris / 150 g. de fines herbes / Sel, poivre / 60 g. de beurre / 50 g. de fromage râpé / 2 cuillerées à soupe d'huile + 50 g. de beurre.

Cuire les pommes de terre au four et les évider.

Faire revenir les foies de volaille dans un mélange d'huile et de beurre et les hacher.

Faire sauter les champignons hachés dans 20 g. de beurre et les mélanger à la pulpe, avec les foies et les fines herbes hachées.

Garnir les pommes de terre, saupoudrer de fromage râpé et arroser du reste de beurre fondu.

Faire gratiner au four.

Pommes de terre farcies aux champignons et au jambon

✗✗ ∞

Prép. : 15 mn. Cuiss. : 45 mn.

☐ 6 pers.

6 ou 12 pommes de terre / 200 g. de jambon / 300 g. de champignons / 1 dl. de crème fraîche / 100 g. de beurre / Sel, poivre / 100 g. de fromage râpé.

Cuire les pommes de terre, les évider.

Faire suer les champignons lavés, émincés, ajouter ensuite 50 g. de beurre et le jambon haché. Laisser légèrement rissoler.

Ajouter la crème fraîche hors du feu.

Mélanger la pulpe à la farce et garnir les pommes de terre. Parsemer de fromage râpé, arroser de beurre fondu. Gratiner au four.

Pommes de terre farcies à la yorkaise

✗✗ ∞

Prép. : 20 mn. Cuiss. : 1 h.

☐ 6 pers.

6 ou 12 pommes de terre / 300 g. de champignons de Paris / 500 g. de jambon d'York / 2 gros oignons / Sel, poivre / 50 g. de beurre + 2 cuillerées d'huile / 100 g. de fromage râpé.

Cuire les pommes de terre au four et les évider.

Couper le jambon d'York et les champignons en dés réguliers et les faire étuver dans de la matière grasse.

Faire fondre les oignons hachés dans de la matière grasse. Mélanger les deux préparations.

Mélanger la farce et la pulpe. Garnir les pommes de terre. Parsemer de fromage râpé. Arroser d'un filet de beurre fondu.

Gratiner au four.

Purée de pommes de terre

✕✕   ○

Prép. : 20 mn. Cuiss. : 1 h 10 mn.

◨   6 pers.

1,250 kg. de pommes de terre / 2 dl. de lait / 80 g. de beurre / 20 g. de gros sel.

Eplucher les pommes de terre, les mettre dans l'eau froide salée et les faire cuire 30 minutes, les égoutter, les couper en quartiers, les écraser au moulin.

Sur le feu incorporer au fouet, progressivement le lait et le beurre pour rendre la purée bien lisse.

aux oignons :
200 g. d'oignons / 60 g. de gruyère / 1 verre de lait.
Mettre la purée dans un plat allant au four, la couvrir de lait, répartir les oignons hachés, saupoudrer de fromage râpé. Faire dorer au four.

Pommes de terre à l'algérienne

Prép. : 30 mn. Cuiss. : 1 h 10 mn.

6 pers.

1,2 kg. de pommes de terre / 1 dl. de lait / Sel, poivre, muscade / 80 g. de beurre / 1 cuillerée d'huile / 4 jaunes d'œufs / 500 g. de crème de marrons / 100 g. de farine.

Faire une purée et la mélanger à la crème de marrons. Ajouter les jaunes d'œufs.

Former des palets, les rouler dans la farine et les faire cuire dans la matière grasse.

Servir bien chaud avec une noisette de beurre dessus.

Ciel et terre

Prép. : 30 mn. Cuiss. : 40 mn.

☐ 6 pers.

1 kg. de pommes de terre / 2 dl. de lait / 100 g. de beurre / 1 dl. d'huile / Sel, poivre / 1,5 kg. de pommes reinettes ou poires / 50 g. de sucre / 600 g. de boudin / 1 oignon.

Cuire les demi-pommes ou poires pelées, évidées avec de l'eau, 50 g. de beurre, le sucre. Faire la purée. Griller le boudin. Emincer l'oignon et le faire rissoler.

Verser la purée dans un plat, répartir les anneaux d'oignons, disposer le boudin dessus.

Servir avec les fruits.

Soufflé de pommes de terre

✗✗✗   ○

Prép. : 20 mn. Cuiss. : 1 h 30 mn.

◨   6 pers.

1,2 kg. de pommes de terre / 3 dl. de lait / 80 g. de beurre / 20 g. de gros sel / 2 œufs / 60 g. de gruyère râpé.

Faire une purée. Hors du feu, y incorporer 2 jaunes d'œufs et le gruyère, puis les blancs montés en neige ferme. Verser dans un plat à soufflé beurré.

Cuire à four doux 20 minutes et servir.

Purée au cantal (Aligot)

✗   ∞

Prép. : 5 mn. Cuiss. : 35 mn.

☐   5 pers.

750 g. de pommes de terre / 20 cl. de crème / 150 g. de cantal / Sel.

Faire une purée, y ajouter le fromage écrasé.

Remettre sur le feu et mélanger jusqu'à obtenir une pâte filante. Servir très chaud.

Purée alsacienne

✗✗   O

Prép. : 30 mn. Cuiss. : 1 h.

☐   6 pers.

1,8 kg. de pommes de terre / 500 g. de navets / 3 ou 4 carottes / 60 g. de persil haché / 1 gros oignon / 60 g. de beurre / 100 g. de lard fumé / 1 dl. de lait.

Emincer l'oignon, puis le faire blondir dans 50 g. de beurre.

Peler les carottes, les navets, les pommes de terre, les couper en rondelles et les ajouter aux oignons avec le lard coupé en dés. Couvrir de bouillon et laisser cuire doucement 1 heure.

Passer tous les légumes au moulin et incorporer le reste de beurre, le lait, le persil haché.

Servir en accompagnement d'un rôti de porc.

Pommes de terre Biarritz

✗✗   ∞

Prép. : 10 mn. Cuiss. : 45 mn.

☐   6 pers.

1,2 kg. de pommes de terre / 3 dl. de lait / 60 g. de beurre / 2 poivrons / 300 g. de jambon / 150 g. de fines herbes / Sel, poivre.

Cuire les pommes de terre à l'eau et les réduire en purée.

Faire griller le poivron et le peler. En réserver un petit morceau à couper en dés, hacher le reste.

Ajouter à la purée le poivron, le jambon et les fines herbes hachés.

Assaisonner de sel, poivre. Verser dans un plat et y piquer les dés de poivron.

Servir chaud.

Hachis parmentier

✕ ∞

Prép. : 15 mn. Cuiss. : 1 h.

☐   6 pers.

1 kg. de pommes de terre / 100 g. de beurre / 2 dl. de crème / 300 g. de viande cuite hachée / 100 g. de lard gras haché / 1 oignon haché / 100 g. de mie de pain / 1 dl. de lait / 1 œuf / Persil haché / 50 g. de gruyère / Sel, poivre.

Faire cuire à l'eau les pommes de terre lavées, épluchées, les mixer et ajouter 50 g. de beurre et la crème.

Mouiller le pain avec un peu de lait et l'écraser.

Faire fondre l'oignon dans 30 g. de beurre, puis hors du feu ajouter la viande, le lard, le pain, le persil ; lier avec l'œuf.

Beurrer un plat allant au four, y verser la moitié de la purée, répartir la farce, couvrir avec le reste de purée. Saupoudrer de gruyère et de noisettes de beurre. Faire gratiner 15 minutes, th. 7.

Nids de pommes de terre Duchesse Jardinière

✕ ✕ ✕   ○

Prép. : 30 mn.   Cuiss. : 40 mn.

☐   6 pers.

1,2 kg. de pommes de terre / 3 œufs / 100 g. de beurre / 80 g. de farine / 500 g. de macédoine de légumes cuits / 150 g. de jambon / 150 g. de persil haché / Sel, poivre.

Cuire à l'eau les pommes de terre épluchées et coupées en quartiers et les écraser en purée. Hors du feu, en battant au fouet, ajouter le beurre, la farine, 2 œufs entiers et travailler jusqu'à obtention d'un appareil homogène et lisse.

Sur une tôle farinée, former des nids avec la pâte et creuser un peu l'intérieur. Dorer avec 1 jaune d'œuf et enfourner à four très chaud (thermostat 7) 10 minutes.

Remplir les nids de macédoine chaude additionnée du jambon en petits dés, et parsemer de persil haché.

Servir bien chaud.

Médaillons de pommes de terre au fromage

✕✕ ∞

Prép. : 45 mn. Cuiss. : 1 h.

◪ 6 pers.

1 kg. de pommes de terre Bintje en purée / 250 g. de jambon / 5 œufs / 200 g. de farine / 100 g. de fines herbes hachées / 150 g. de fromage / 3 tomates / Sel, poivre / 200 g. de chapelure / 1 dl. de lait.

Mélanger 4 œufs, la farine et les fines herbes hachées à la purée.

Etaler la pâte, la détailler en rectangles épais et les passer d'un seul côté successivement dans 1 jaune d'œuf battu puis dans la chapelure.

Réduire les tomates crues en purée et mélanger cette pulpe avec le jambon haché et le fromage râpé.

Creuser légèrement le dessus des pièces de pâte panées.

Garnir les médaillons et cuire au four 30 minutes.

Beignets de pommes de terre

Prép. : 50 mn. Cuiss. : 20 mn.

6 pers.

1 kg. de pommes de terre / 300 g. de farine / 60 g. de beurre / 30 g. de sucre / L'écorce confite d'une demi-orange / 3 jaunes d'œufs / Sel / 1 cuillerée à soupe de Grand Marnier / Sucre glace.

Cuire les pommes de terre au four avec leur peau.

Hacher l'écorce d'orange et la faire macérer avec l'alcool.

Peler et passer la pulpe des pommes de terre au presse-purée, lui ajouter la farine, le beurre, le sucre, les jaunes d'œufs, le sel.

Travailler la préparation sur le feu 5 minutes et l'additionner de l'écorce d'orange.

Etaler la pâte, la laisser refroidir et y découper des losanges.

Faire frire à la grande friture.

Servir saupoudré de sucre glace.

Brioche de pommes de terre

🍴 ∞

Prép. : 2 h. Cuiss. : 30 mn.

☐ 6 pers.

500 g. de pommes de terre / 500 g. de farine / 100 g. de beurre / 50 g. de sucre glace / 2 œufs / Sel / 1 cuillerée de sucre en poudre / 50 g. de levure de boulanger / 4 cuillerées à soupe d'eau / 1 cuillerée à café de gingembre.

Cuire les pommes de terre en robe des champs, les éplucher et les écraser pour obtenir une purée légère.

Après avoir mélangé le gingembre et la farine, les disposer autour de la purée en couronne. Casser les œufs dans la purée, ajouter le beurre en morceaux. Pétrir doucement la pâte en commençant par le milieu.

Mélanger la levure avec de l'eau tiède, et laisser lever 30 minutes. L'ajouter à la pâte, puis pétrir pour obtenir une masse que l'on frappe sur la planche pour la rendre élastique.

Mettre la pâte dans un moule, la couvrir d'un linge, puis la laisser lever dans un endroit tiède 1 heure. Quand elle atteint le bord du moule, enfourner à four très chaud (th. 7 ou 8) 40 minutes.

Lorsque la brioche est cuite, la démouler sur une grille et la servir en la saupoudrant de sucre glace.

Gâteau aux pommes de terre

Prép. : 30 mn. Cuiss. : 35 mn.

6 pers.

300 g. de pommes de terre / 6 œufs / 200 g. de sucre / Le zeste d'un citron / 10 g. de beurre / 80 g. de farine / 1 pincée de poudre de cannelle / 70 g. de noisettes.

Cuire les pommes de terre en robe des champs, les écraser après les avoir épluchées, pour obtenir une purée légère. Ajouter les jaunes d'œufs, puis le sucre et le zeste de citron râpé.

Monter les blancs d'œufs en neige et les incorporer à la pâte obtenue auparavant.

Beurrer un moule à cake et y verser l'appareil. Enfourner 35 minutes au four th. 6.

C'est un gâteau léger sans beurre, à manger chaud.